Sonja Kirch und Simone Greiser

Spielen auf Distanz

Gruppenspiele für Kita, Schule, Jugendgruppen und Freizeit

Impressum

Bibliografische Information der Deutschen Nationalbibliothek:
Die Deutsche Nationalbibliothek verzeichnet diese Publikation in der Deutschen
Nationalbibliografie; detaillierte bibliografische Daten sind im Internet über
http://dnb.dnb.de abrufbar.

© 2020 Sonja Kirch und Simone Greiser

Umschlaggestaltung: Sonja Kirch und Simone Greiser

Herstellung und Verlag: BoD – Books on Demand, Norderstedt

ISBN: 9783751950565

Juchei, Juchu,

das Spielen kann wieder losgehen! Auch mit Einhaltung der Abstandsregeln.

Für Kinder ist spielen wie atmen.

Ohne Schulpausen, Betreuung und Verabredungen fehlt ein entscheidender Teil des sozialen Alltags.

Gruppenspiele sind besonders nach einer Phase der sozialen Distanzierung wichtig, damit:

- Kinder wieder unbeschwert miteinander in Kontakt treten können,

- die Kinder in Bewegung kommen,

- sowohl räumliches, physikalisches, mathematisches Wissen als auch sprachliche Kompetenzen spielerisch erlangt werden können,

- ein Ausgleich zum Medienalltag geschaffen wird.

Im Gegensatz zu Spielen am Computer lernen Kinder durch reale Erlebnisse in einer sozialen Gruppe, mit Konflikten umzugehen und aus eigener Kraft Erfolgserlebnisse herbeizuführen.

Spiele fordern Eigeninitiative, Spontaneität, Empathie- und Wahrnehmungsfähigkeit. Sie festigen den Charakter, erweitern den Intellekt und fördern die Anpassungsfähigkeit.

Bevor es losgehen kann, noch ein paar kurze, wichtige Hinweise:

- Bilden wir einen Kreis, wahren wir den Mindestabstand - Yeah, ein riesen Kreis!

- Stellen wir uns in einer Reihe auf, wird die Reihe durch den Mindestabstand wunderbar lang!

- TN= Teilnehmer/Telnehmerin

Inhaltsverzeichnis

Spiele zur Gruppeneinteilung

Ameiseneinteilung

Ort: -

Material: Stofffetzen mit verschiedenen Gerüchen, Wäscheklammern

Teilnehmer: -

Ablauf: Die Stofffetzen werden mit verschiedenen Gerüchen
                versehen. Z.B.: Deo, Knoblauch, Essig, Pilzgeruch, Erde,
                Harz, einfach allem was duftet, wenn es aus der Natur kommt,
                besser. Danach bekommt jeder TN einer Stofffetzen. Nun
                müssen sich die Gruppen zusammenriechen. Wer denselben
                Geruch hat, gehört zusammen.

Ausmeiern

Ort: -

Material: -

Teilnehmer: -

Ablauf: Alle TN ziehen einen Zettel. Auf den Zetteln steht „Meier" in
                vielen verschiedenen Schreibweisen (Mayer, Meyer, Meier,
                Maier,…) Wer den selben Namen hat, gehört zusammen.

Kommunikartio

Ort: -

Material: 1 Augenbinde pro TN, 2–4 Sets Scheiben (je 3 bis 4 gleiche)

Teilnehmer: ab 5

Ablauf: Jeder TN hat die Augen verbunden und bekommt danach eine
              Scheibe. Es gibt jeweils Gruppen von Mustern, mit, je nach
              Gruppengröße und gewünschter Anforderung, 3 bis 4
              gleichen Scheiben. Ziel ist es, dass sich die mit gleichen
              Formen in Kleingruppen zusammenfinden. Die TN dürfen
              dabei reden, jeder darf nur seine eigene Scheibe berühren.

Variationen: evt. Farben mit einbauen, hebt ein TN seine Scheibe hoch,
              bekommter die Farbe genannt

Auswertungsschwerpunkte:

              Sender- Empfänger-Thematik darstellen, Vieldeutigkeit von
              Botschaften erleben, Wirkung von expliziter vs. impliziter
              Sprache; Perspektiven, Moderation

„Aufheizer"

Fli-Flow

Ort: -

Material: -

Teilnehmer: ab 4

Ablauf: Alle TN stehen im Kreis und gehen in die „Schreiposition"

In die Knie gehen und Hände auf die Knie.

Der Spielleiter schreit vor und alle TN schreien nach.

- **Fli**

- **Fli Flow**

- **Fli Flow Fly**

- **Vista**

- **Gommela Gommela Gommela Vista**

- **Oh, Nonononona Vista**

- **Examini Salamini Ohwa Powa**

- **Ohwab dabnduwab**

- **Ohwab Fli Flow**

Story of my pony

Ort: -

Material: -

Teilnehmer: ab 8

Ablauf: Die Gruppe stellt sich in einem Kreis auf, wobei eine Person innen im Kreis entlang läuft und singt: „This is the story of my pony, this is the story of my pony, this is the story of my pony, this is what they told me." Anschließend stellt sie sich einer beliebigen Person gegenüber und singt tanzend: „Front, to front, to front my pony. Side, to side, to side, my pony. Back, to back, to back my pony, this is what they told me." Nun laufen die beiden singend im Kreis und suchen sich wieder jeweils eine Person aus, wodurch nach dem zweiten Durchgang nun vier Personen im Kreis laufen. Dies wiederholt sich so lange, bis alle Mitspieler singend im Kreis laufen.

Banane

Ort:	-
Material:	-
Teilnehmer:	ab 4
Ablauf:	Erst leise, dann laut und mit Gesten untermalt:

Schäl Banane, schäl,schäl Banane.

Schäl Banane, schäl,schäl Banane.

Schäl Banane, schäl,schäl Banane.

Schäl Banane, schäl,schäl Banane.

Schneid Banane, schneid, schneid Banane.

Schneid Banane, schneid, schneid Banane.

Schneid Banane, schneid, schneid Banane.

Schneid Banane, schneid, schneid Banane.

Matsch Banane, matsch, matsch Banane.

Matsch Banane, matsch, matsch Banane.

Matsch Banane, matsch, matsch Banane.

Matsch Banane, matsch, matsch Banane.

Iss Banane, iss, iss Banane.

Iss Banane, iss, iss Banane.

Iss Banane, iss, iss Banane.

Iss Banane, iss, iss Banane.

Mjam Banane, mjam, mjam Banane.

Mjam Banane, mjam, mjam Banane.

Mjam Banane, mjam, mjam Banane.

Mjam Banane, mjam, mjam Banane.

Stirb Banane, stirb, stirb Banane.

Stirb Banane, stirb, stirb Banane.

Stirb Banane, stirb, stirb Banane.

Stirb Banane, stirb, stirb Banane.

Funky Chicken

Ort: -

Material: -

Teilnehmer: ab 4

Ablauf: LEADER: Let me see your funky chicken.
EVERYONE: What did you say?

LEADER: Let me see your funky chicken.
EVERYONE: What did you say?

(Altogether)
I said ooh ahh, ahh, ahh, ooh, aah, aah, aah, ooh, aah, aah, aah, ooh
one more time
ooh ahh, ahh, ahh, ooh, aah, aah, aah, ooh, aah, aah, aah, ooh

Actions:

Funky chicken / mit den Armen Flügelbewegungen machen
Frankenstein
Ballerina/drehen und Plié
Sumo wrestler /Hände auf die Knie, in die Hocke gehen und mit den Füßen stampfen
Cleopatra / walk like an Egyptian
John Travolta / Tanzbewegung wie bei Saturday night Fever
Tree / Arme in die Höhe und still stehen

La Tutsi Ta

Ort: -

Material: -

Teilnehmer: ab 4

Ablauf: Alle im Kreis.

Eine Person macht vor und alle TN nach.

Alle zusammen klatschen im Takt in die Hände und singen

„I´m singing in the sun" oder eine Variation davon („..singing in the rain/train/...)

Das macht man zwei Mal, dann kommt die erste Bewegung. Nach jeder Bewegung singt man „La tusi ta, la tutsi ta, la tutsi tatata" und dreht sich dabei einmal um die eigene Achse. Jedes Mal fügt man eine Bewegung hinzu (fängt also immer wieder von vorne an)

- Daumen raus

- Ellbogen ran

- In die Knie

- Knie zusammen

- Po raus

- Brust raus

- Kopf in´ Nacken

- Zunge raus

Ich bin ein kleiner Vogel

Ort: -

Material: -

Teilnehmer: ab 4

Ablauf: Einer spricht vor, die anderen sprechen nach.
                Gesten entsprechend des Textes. Erster Durchgang mit normaler Stimme, zweiter mit leiser, piepsiger Stimme und letzter mit ganz lauter Stimme.

Ich bin ein kleiner Vogel

Ich bin ein kleiner Vogel

und habe großen Hunger

und habe großen Hunger

aber meine Frau

aber meine Frau

gibt mir immer nur Fisch zu Essen

gibt mir immer nur Fisch zu Essen

aber ich

aber ich

möchte viel lieber Eis essen

möchte viel lieber Eis essen

und Limo trinken- aaaaaaaaahhhhh

und Limo trinken-aaaaaaaaaahhhh

Schütteln

Ort: -

Material: -

Teilnehmer: ab 4

Ablauf: Alle im Kreis.

Alle schütteln sich gemeinsam mal richtig gut aus.

Leiter: „Hey, wer bist denn du?"

TN: „Anna"

Leiter: „Hey Anna, du bist ja voll cool! Hast du Lust mit mir den Schüttelsong zu tanzen?"

Anna: „Ja klar"

UUUUUND:

– Unten Schüttelschüttel, Schüttelschüttelschüttel

– Oben …

– Links …

– Rechts …

– Vorne …

– Hinten …

– Alles …

Konzentrations-

spiele

Bild merken

Ort: -

Material: Stifte und Papier, vorbereitete Bilder

TN: ab 2

Ablauf: Die Kinder schauen sich ein Bild an (kleine Kinder einfaches Bild / große Kinder etwas schwereres Bild).

Nun absolvieren die Kinder eine kleine Bewegungsstaffel: schleichen, hüpfen, springen, laufen, rückwärts gehen....

Am anderen Ende müssen sie das Bild, was sie zu Anfang gesehen haben nachmalen.

Variationen: Es werden zwei Teams gebildet und gegeneinander gespielt.

Bewertungskriterium:

Es hat nicht die Mannschaft gewonnen, welche als erstes fertig ist, sondern die, die am häufigsten näher am Originalbild lag.

Steine tauschen

Ort: -

Material: Steine

Teilnehhmer:1–10

Ablauf: Es wird ein Quadrat aus Steinen gebildet. Die Kinder prägen
              sich das Bild gut ein. Nun werden die Augen geschlossen und
              einer tauscht zwei Steine. Die Kinder müssen erraten welche
              es sind.

Variationen Verschiedene Gegenstände auf den Boden legen und tau-
               schen, wegnehmen oder dazulegen.

Fünf Steine

Ort: -

Material: Steine

Teilnehmer: ab 1

Ablauf: Jeder TN sucht sich 5 Steine zusammen. Diese legt er vor
              sich auf den Boden. Nun wirft er einen Stein in die Luft. Wäh-
              rend dieser in der Luft ist, nimmt er einen zweiten Stein vom
              Boden und fängt den ersten wieder. Danach werden zwei
              Steine aufgenommen, dann 3 und zum Schluss 4. Wer schafft
              es am schnellsten oder mit den wenigsten Versuchen?

Schau genau hin

Ort: -

Material: Sand und Steine

Teilnehmer: ab 5

Ablauf: Jeder TN baut sich aus Sand einen Stall und sucht sich 10
            Steine oder je nach Ort andere kleine Dinge. Dies sind seine
            Kühe, welche er dann in seinen Stall legt. Ein beliebiger TN
            fängt an und ruft: „ich prüfe meine Kühe". Alle anderen sagen:
            „dann schau genau hin." Der TN schließt nun seine Augen.
            Die übrigen TN suchen sich je eine „Kuh" aus dessen Stall
            aus und legen diese in den eigenen Stall. Nun öffnet der TN
            die Augen wieder. Er hat jetzt die Aufgabe, seine „Kühe" wie-
            der zu finden. Schafft er es, bekommt er sie zurück, liegt er
            falsch, hat er die jeweilige „Kuh" verloren. Danach ist der
            nächste TN dran. Gewonnen hat, wer zum Schluss am meis-
            ten Steine hat.

Ökomemory

Ort: draußen

Material: Natürliches, wie Blätter, Steine, Zweige, Zapfen,…

Mindestens 5 Gegenstände mehr als TN-Anzahl, Tuch/Plane

Teilnehmer: -

Ablauf: Alle Gegenstände werden auf einer Plane ausgelegt und eine zweite Plane darüber gelegt. Die TN bekommen nun die Aufgabe erklärt und haben eine Beratungszeit (je nach Alter und Gruppe anzupassen). Danach werden die Gegenstände für alle sichtbar gemacht. Anschließend sollen alle Gegenstände ein zweites Mal innerhalb von 8 Minuten (Suchzeit) gefunden und zu der Plane gebracht werden. Je nach Gruppe, Alter und Gegenstandanzahl dürfen die TN die Gegenstände insgesamt zwischen 15 und 60 sec. begutachten, bevor die zu suchenden Gegenstände wieder abgedeckt werden. Es ist zulässig die Zeit aufzuteilen, d.h. dass die Gruppe z.B. einmal 10 Sekunden sich die Anordnung der Gegenstände anschaut und später noch einmal 5 Sekunden überprüft und dann „nachsucht". Sobald die Plane jedoch ein erstes Mal geöffnet wurde, beginnt für die Gruppe die 8 Minuten Suchzeit. Die zu suchenden Gegenstände unter der Plane dürfen von den TN nicht berührt werden.

Variationen: Die Gruppe darf während die Plane „geöffnet" ist nicht verbal kommunizieren. Das Ökomemory kann auch so durchgeführt werden, dass es weniger zu suchende Gegenstände gibt und jeder TN für sich diese/alle Gegenstände suchen muss.

Es gibt also keine Beratungszeit und keine Möglichkeit die Plane ein zweites Mal öffnen zu lassen.

Auswertungsschwerpunkte:

> Wie wurden Entscheidungen getroffen? Wie lief die Vorbereitungszeit, wie die Durchführung? Was für Blätter, Pilze, Pflanzen wurden überhaupt gesucht (Bestimmungsbücher oder ein fundiertes Wissen)

Das Labyrinth

Ort: Wiese oder andere Freifläche

Material: Fahrradmäntel oder Krepp oder Seile oder Kreide, Notizblatt

Teilnehmer: 1 – 30

Ablauf: Die Fahrradmäntel werden in einem Rechteck ausgelegt. Auf dem Notizblatt hat der Spielleiter sich einen Weg markiert, der gefahrlos betreten werden kann. Die Teilnehmer haben nun die Aufgabe, diesen Weg durch Probieren herauszufinden bis alle das Labyrinth durchquert haben.

Variationen: Der Spielleiter geht den korrekten Weg einmal vor.

             Einige Teilnehmer sind blind / stumm.

Auswertungsschwerpunkte:

             Konzentration, Rollenverteilung

Wie viele?

Ort: -

Material: kleine Steine oder Ähnliches

Teilnehmer: ab 5

Ablauf: Jeder TN sucht sich 15 Steine zusammen. Ein TN versteckt
                ein bis vier Steine in seiner Hand. Der Spieler links von ihm
                rät, wie viele Steine sich in der Hand befinden. Hat er richtig
                getippt, bekommt er diese. War die geratene Anzahl der Stei-
                ne falsch, muss er einen Stein abgeben. Wer am Ende die
                meisten Steine hat, hat gewonnen.

Zählen will gelernt sein

Ort: -

Material: -

Teilnehmer: -

Ablauf: Die TN werden weitläufig verteilt und sollen einmal
                durchzählen. Dafür kriegen sie keine Beratungszeit und es
                darf auch während des Spieles nicht gesprochen werden oder
                sonstige Zeichen gegeben werden. Sobald eine Zahl doppelt
                genannt wird gibt es einen Neustart.

Variationen: Das Ganze kann auch blind geschehen

Kommunikations-Chaos

Ort: -

Material: für die Hälfte aller TN verschiedene Botschaften mit ca. 50 Wörtern

Teilnehmer: am besten gerade Anzahl

Ablauf: Die Gruppe teilt sich in Paare auf. Die Partner stehen sich in einem Abstand von zehn Metern gegenüber. Die Botschaften werden an einer Seite der Teilnehmerallee verteilt. Aufgabe dieser Gruppe ist nun, die Botschaften ihrem Partner so deutlich wie nur möglich hinüber zu rufen, damit dieser sie auf dem Papier festhalten kann. Sobald ein Paar diese Aufgabe erfüllt hat, geben sie den Zettel ab.

Auswertungsschwerpunkte:

Am einfachsten ist es wenn Zeitungsartikel ausgeschnitten werden. Es bietet sich an, eine Botschaft dabei zu haben, die folgendermaßen lautet: „Ist es nicht furchtbar schwer, sich zu unterhalten, wenn jeder schreit und ruft und keiner dem anderen zuhört? Wäre es nicht viel einfacher, wenn man erst eine Person ausreden lässt, ihr zuhört und dann auf das Gesagte antwortet. Kommunikation ist kein Wettbewerb".

Sicherheit: Stimmbänderriss ist eine ernstzunehmende Gefahr.

Computer-Code

Ort:	windstill, ebener Untergrund, drinnen
Material:	Zahlen- und Bombenkärtchen (2 Kärtchen pro TN), evtl. etwas zum Abdecken
Teilnehmer:	ab 5
Ablauf:	Der Spielleiter bereitet den Computercode vor, indem er die Kärtchen mit der Rückseite nach oben auf dem Boden anordnet, am besten in Form einer kleine Figur. Der Spielleiter leitet nun den ersten Teil an: „Hier versteckt sich ein Zahlencode der geknackt werden muss, um die vor uns geschlossene Tür/Schranke… zu öffnen" Nun darf die Gruppe sich diese Figur 1 – 2 min. anschauen, ohne aber miteinander zu sprechen. Danach wird die Figur wieder zugedeckt bzw. die Gruppe muss sich außer Sichtweite positionieren. Der Spielleiter erklärt den weiteren Verlauf: Nach einer Beratungszeit von 5 – 10 min (je nach Gruppengröße) darf jeder TN einzeln zur Figur und 2 Kärtchen umdrehen und geht dann wieder zur Gruppe. Wenn jeder TN 2 Kärtchen angeschaut hat, kommt die Gruppe gemeinsam zur Figur und hat die Aufgabe, die Zahlen in der richtigen Reihenfolge aufzudecken ohne natürlich die Bomben aufzudecken. Nach der Beratungszeit darf NICHT mehr gesprochen werden!!!
Variationen:	

- Zeitfaktor der Beratungszeit oder auch während der Aktionsphase,
- Anzahl der Kärtchen pro TN,
- Anordnung der Kärtchen einfach bis völlig durcheinander,
- darf gesprochen werden oder nicht ??!!

Auswertungsschwerpunkt:

- Besprechungs - / Kommunikationsstrukturen und –strategien,

- war die Kommunikation zielorientiert ?!? Gab es einen Plan !??

- Konflikte, Frust, Schuldzuweisungen,

- kurze Beratungszeit,

- Entwicklung der Gruppe während der Übung bezüglich Kommunikation...

Spiele im Kreis

Wer hat den Keks aus der Dose geklaut?

Ort: -

Material: -

Teilnehmer: -

Ablauf: Alle im Kreis.

Alle singen zusammen: „Wer hat die Kekse aus der Dose ge-klaut?"

Ein TN startet und sagt: „Dörte hat die Kekse aus der Dose ge klaut!"

darauf Dörte: „Wer ich?".

Alle: „Ja du!".

Dörte: „Niemals!".

Alle: „Wer dann?".

Dörte: nennt einen neuen TN und es geht genauso weiter bis alle einmal dran waren.

Augenblick

Ort:	-
Material:	-
Teilnehmer:	ab 4 Personen
Ablauf:	Alle Personen bilden einen Kreis und blicken auf den Boden. Eine Person zählt an (z.B. 1,2,3), auf drei müssen alle Personen einer anderen Person in die Augen schauen. Schauen sich zwei Personen in die Augen, scheiden die Personen aus. Das wird so lange wiederholt, bis nur noch zwei Personen übrig sind, das sind die Gewinner.
Wichtig:	In die Augen (!) blicken

Auswertungsschwerpunkte:

Zum ruhig werden, man benötigt kein Material

Zeichen

Ort: -

Material: -

Teilnehmer: min. 6

Ablauf: Jeder TN denkt sich ein Zeichen aus und zeigt es den anderen. Es sollten einfache Handzeichen sein (wie ein Victory Zeichen oder den Hang Loose, einmal an die Nase fassen, etc...)

Ein TN kommt in die Mitte und muss versuchen die Person zu finden, welche gerade das Zeichen hat. Was folgendermaßen passiert: Eine Person fängt an, ihr Zeichen zu machen, nimmt daraufhin Blickkontakt mit einer anderen Person auf und macht deren Zeichen. Diese Person muss daraufhin erst noch einmal zur Bestätigung ihr Zeichen machen, woraufhin es angekommen ist. Nun geht es genauso weiter. Zeichen annehmen, weitergeben, annehmen,... Die Person in der Mitte muss nun aufpassen, wo das Zeichen gerade ist und diese Person nennen. Lag sie richtig kommt die erwischte Person in die Mitte.

Pferderennen

Ort: -

Material: -

TN: ab 5

Ablauf: Der Spielleiter beschreibt ein Pferderennen, die Spieler stellen die Pferde dar. Sie stehen im Kreis. Der Spielleiter ist Teil des Kreises. Er beginnt langsam auf seine Oberschenkel zu klopfen, die "Pferde marschieren aus dem Stall". Anschließend wird die Strecke besichtigt. Dabei wird gemütlich weiter auf die Oberschenkel geklopft, bis der Spielleiter sagt: „Wir kommen nun zu ....". Dann wird je nach gerade besichtigter Situation gehandelt. Es kann dabei aus folgenden Möglichkeiten ausgewählt werden:

- Rechtskurve: Alle Pferde lehnen sich nach rechts

- Linkskurve: Alle Pferde lehnen sich nach links

- Links-Rechts-Kombination: Enge Abfolge von Links- und Rechtskurve

- Hindernis: Die Pferde springen über das Hindernis und werfen dabei die Arme hoch

- Doppel (Dreifach)-Hindernis: Zwei (oder drei) Sprünge direkt hintereinander.

- Wassergraben: Durch Klopfen auf den Mund wird das Plätschern des Wassers immitiert

- Holzbrücke: Diese wird durch schlagen auf die Brust angedeutet

- Tribüne der kreischenden Mädchen: euphorisches Kreischen und Klatschen

- Tribüne der brüllenden Jungs: Anfeuerungsrufe und dazu passende Handbewegungen

- der Phantasie sind keine Grenzen gesetzt, weitere Figuren können erfunden werden

Nach der Besichtigung geht es zum Start. Anschließend startet das Rennen, der gleiche Parcours wird nochmals mit doppelter Geschwindigkeit durchlaufen. Zusätzlich gibt es am Ende zwei weitere Figuren:

- Zielsprint: viel schnelleres Klatschen

Affenkönig

Ort: -

Material: -

Teilnehmer: ab 5

Ablauf: Alle Teilnehmer sitzen im Kreis. Einer geht „raus". Ein anderer wird zum Affenkönig ernannt. Dieser muss Bewegungen vormachen, die der Rest der Gruppe so schnell wie möglich und möglichst ohne den Affenkönig anzusehen nachmacht. Der, der draußen war, muss nun erraten, welcher Mitspieler der Affenkönig ist.

Reise in eine bessere Welt

Ort:	Sitzkreis / Stuhlkreis
Material:	-
Teilnehmer:	-
Ablauf:	Es wird eine Liste mit Dingen/Gegenständen/Personen aufgestellt. Dabei muss es für jede/n TN eine Sache geben. Die TN bekommen dann eines der Dinge zugeteilt und müssen nacheinander ausdiskutieren, wer gehen muss, damit man in einer besseren Welt leben kann. Dieses Spiel hat natürlich kein Ende und man muss einschätzen können, wann abgebrochen werden muss.

Die Liste könnte folgende Dinge beinhalten:

- iPhone

- Reis

- Naturforschung

- Computer

- Villa

- Bäume

- Wasser

- Artenvielfalt

- Musik

- ....

Variationen: Man kann auch die „Reise in eine umweltbewusstere" Welt daraus machen.

Auswertungsschwerpunkte:

> Wie einigt man sich auf das, was wichtig erscheint. Was ist eine „bessere" / „umweltbewusstere" Welt? Wie wird diskutiert?

Strawberry Strawberry

Ort: -

Material: -

Teilnehmer: ab 5

Ablauf: Es wird ein Kreis gebildet. Jeder Spieler im Kreis hat eine Frucht (englisch oder deutsch). Einer beginnt und nennt zuerst seine Frucht, dann die eines anderen. Diese Person nennt dann ebenfalls ihre Frucht und dann die eines anderen. Doch dabei müssen die Lippen so über die Zähne gelegt werden, dass die Zähne nicht sichtbar sind. Wer seine Zähne zeigt, ist raus. Um die Sache schwieriger zu machen, kann man auch versuchen, die Mitspieler anderweitig zum Lachen zu bringen. Hier ist Spaß garantiert!

Eine Geschichte mit Pfiff

Ort: -

Material: eine Geschichte

Teilnehmer: ab 5

Ablauf: Den TN wird eine Geschichte vorgelesen, in der ein Wort häu-
                figer vorkommt (zum Beispiel Hexe, ein bestimmeter Name,
                ein Ort,....) Immer wenn dieses Wort vorgelesen wird, müssen
                die TN etwas bestimmtes Schreien oder eine vorher verein-
                barte Bewegung machen.

Bewegungsspiele

Nase an Holz

Ort: -

Material: -

Teilnehmer: ab 10 (je mehr desto besser)

Ablauf: Das Spiel wird im Kreis erklärt. Der Spielleiter kann die erste
               Ansage machen: z.B. „Fuß an Stein". Alle Teilnehmer müssen
               dann mit dem genannten Körperteil an etwas aus Stein tippen.
               Die letzte Person, oder die Person, die die Aufgabe nicht er-
               füllt, macht die neue Ansage.

Sicherheit: keine Hindernisse, ebener Boden

Würfelsport

Ort: -

Material: 1 großer Würfel

Teilnehmer: ab 2

Ablauf: Die TN stehen im Kreis. Einer würfelt und macht
               eine Bewegung/ Sportübung vor (Hampelmänner,
               hüpfen, klatschen, drehen, Kniebeugen....). Diese
               Bewegung muss nun von allen so oft gemacht
               werden, wie Augen auf dem Würfel zu sehen sind.
               Nun ist der nächste an der Reihe. Aber aufgepasst!

Es werden wie beim Kofferpacken erst die Bewegungen des ersten TN gemacht, dann die des zweiten TN usw.

Star Schnuck

Ort: -

Material: -

Teilnehmer: egal

Ablauf: Die Teilnehmer spielen immer zu zweit gegeneinander Schnick Schnack Schnuck. Der Verlierer muss von nun an den Gewinner bei seinen Duellen anfeuern. Der Gewinner geht zum nächsten Teilnehmer, um auch mit ihm Schnick Schnack Schnuck zu spielen. Verliert er, muss er und derjenige, der ihn bereits anfeuert, den Gewinner dieses Duells anfeuern. Gewinnt er, muss der Verlierer und alle, die ihn anfeuern, ihn anfeuern. So geht es immer weiter. Gewonnen hat, wer das letzte Duell für sich entscheidet und somit von allen angefeuert wird.

Evolution

Ort: -

Material: -

Teilnehmer: je mehr desto besser

Ablauf: Ziel des Spiels ist es, sich vom Ei über das Huhn, Dinosaurier, Affen bis zum Menschen zu entwickeln. Um ein „Level" aufzusteigen muss man „Stein, Schere, Papier" spielen. Der jeweilige Gewinner erreicht das nächst höhere Level und darf diese Position auch darstellend einnehmen. „Schere, Stein, Papier" dürfen jeweils nur diejenigen durchführen, die im selben Level sind. Irgendjemand wird pro Entwicklungsstufe übrig bleiben. Am Anfang sind alle „Eier", liegen geduckt am Boden und können sich nur rollend aufeinander zu bewegen. Wer zum Huhn aufgestiegen ist, darf sich in der Hocke fortbewegen, gackern und mit den angelegten Ellenbogen Flügelbewegungen andeuten. Die Dinosaurier dürfen gebückt laufen und wie Dinos brüllen. Die Affen laufen entsprechend wie Affen und brüllen „Ugah-Ugah". Als Mensch nimmt jeder seinen eigenen Gang an.

Systematisches Dreieck

Ort: -

Material: -

Teilnehmer: ab 5

Ablauf: Die TN haben die Aufgabe sich im Geiste zwei Personen aus-
zusuchen, mit denen sie ein gleichschenkliges Dreieck bilden
wollen. Nun haben die TN die Aufgabe, sich so hinzustellen,
dass die geometrische Figur mit den entsprechenden Personen als Eckpunkte des Dreieckes entsteht. Verändert eine
Personen ihre Position muss der TN seine eigene Position
entsprechend anpassen.

Systemisches Kreisen

Ort: -

Material: -

Teilnehmer: ab 5

Ablauf: Die TN suchen sich im Stillen eine Person aus, die sie
3 mal umkreisen wollen (auf 1,5m Abstand). Auf ein Startsignal geht es los. Wer es geschafft hat, setzt sich hin. Das
Spiel ist zu Ende, wenn alle sitzen.

Brennende Liane

Ort: draußen

Material: 1 Spieleseil, evtl. Augenbinden

Teilnehmer: -

Ablauf: Das Spieleseil wird von den beiden Spielleitern geschwungen und alle TN sollen auf die andere Seite gelangen, ohne das Seil berührt zu haben.
            Dabei kann man verschiedene Schwierigkeiten einbauen:

–   Die Anzahl der Schwünge kann reduziert werden,

–   einige TN müssen einige Male springen, bevor sie weiter dürfen,

–   einige oder alle TN werden blind gemacht,

–   es darf nicht geredet werden,

–   die Beine werden zusammengebunden.

    Kommt ein TN mit dem Seil in Kontakt gibt es einen Neustart und alle müssen zurück auf die Startseite.

Fuchs/ Igel/ Adler/ Maus

Ort:	-
Material:	1 Seil oder eine andere lange Linie
Teilnehmer:	ab 2
Ablauf:	Auf dem Boden liegt ein langes Seil.

Es werden 2 Mannschaften gebildet – die Mannschaft „Fuchs" und die Mannschaft „Igel". Eine Mannschaft stellt sich links vom Seil auf, die andere rechts vom Seil. Wenn der Spielleiter „Fuchs" ruft, dann springt die Mannschaft „Fuchs" über das Seil. Wenn der Spielleiter „Igel" ruft, dann springt die Mannschaft „Igel" über das Seil. Wenn der Spielleiter „Adler" ruft, dann springen beide Mannschaften über das Seil. Wenn der Spielleiter Maus ruft, springt niemand. Wenn ein Mitspieler zum falschen Befehl springt oder nicht springt, dann scheidet er aus. Die Mannschaft, die zuletzt Mitspieler hat, hat gewonnen. Das Spiel ist ein schnelles Spiel. Der Spielleiter muss die Befehle schnell ausrufen und den Spielern nicht so viel „Nachdenk-Zeit" geben.

Variationen: Dieses Spiel kann auch zu allen möglichen Themen gespielt werden. Thema Ernährung: z.B. Joghurt, Quark, Milch, Pudding oder Elemente (Feuer, Wasser, Erde, Luft)

Tisch des Hauses

Ort: -

Material: -

Teilnehmer: ab 2

Ablauf: Lebendiges Wettkampfspiel für 2 oder mehr Gruppen in gro -
              ßen Räumen oder draußen. Die gleichgroßen Gruppen sitzen
              hintereinander in Reihen mit dem Blick zum Spielleiter.
              Vor den Gruppen steht jeweils ein leerer „Tisch", jeder Spieler
              pro Gruppe bekommt eine Startnummer (der erste Spieler die
              Nummer 1, der zweite Spieler die Nummer 2....). Der Spiellei-
              ter sagt:« Ich wünsche mir von der Nummer 2 ein...!«Er denkt
              sich einen Gegenstand dazu aus. Die jeweiligen Spieler/innen
              laufen los und sollen den genannten Gegenstand herbeiholen.
              Die Gruppe, die am schnellsten war bekommt einen Punkt,
              vorher wird vereinbart bis zu welcher Punktzahl gespielt wird.

              Hinweis: Bei diesem lebhaften Spiel kommt es schon mal vor,
              dass im Eifer des Gefechtes etwas zu Bruch geht. Also Vor-
              sicht bei der Auswahl der Gegenstände.

Mama Mia, meine Hausaufgaben sind weg!

Ort: -

Material: -

Teilnehmer: ab 4, bis ca 8

Ablauf: ein kleines Theaterstück als Warming-Up.

Kind: „Oh Mama Mia, mein Handy/Teddy/Hausaufgaben... ist/ sind weg!"

Mutter: „Mein Kind, was machen wir denn nun? Ich rufe den Detektiv! (greift zum Telefon) Herr Detektiv, mein Kind hat sein … verloren, bitte kommen Sie schnell!"

Detektiv: „Ich eile, ich eile. (Suchend) Wo ist denn nur.....?"

Regisseur: „ Stopp, stopp, stopp, so geht das nicht, das muss viiiiiiel lustiger (trauriger, verrückter, leiser, lauter, schneller, singender,.....) sein."

Dann wird das Stück wiederholt mit den entsprechenden Regieanweisungen.

Variationen:

Bei mehr als 4 Kindern gibt es noch eine Klappe, einen Kameramann.... Der Text ist natürlich variabel.

Supermarkt

Ort:	auf einer Wiese oder in einem genügend großem Raum
Material:	5 Reifen + 5–7 gleiche Gegenstände pro Gruppe
Teilnehmer:	8–30

Ablauf: In die Mitte des Spielfeldes wird einer der Reifen gelegt, er stellt ein Warenlager dar, in dem sich zu Beginn des Spiels sämtliche Waren befinden. Die Spieler teilen sich in 4 Gruppen auf, welche sich dann in gleichem Abstand um das Warenlager herum verteilen. Der Standort jeder Gruppe wird ebenfalls durch einen Reifen markiert. Jede Gruppe stellt eine Supermarktkette dar, die sich auf eine andere Ware spezialisiert hat. Ziel des Spiels ist es, den eigenen Supermarkt als erstes mit allen 5-7 Gegenständen der gleichen Art aufgefüllt zu haben.

1. Es darf sich immer nur ein Angestellter jeder Kette außerhalb des Supermarktes zum Einkaufen befinden.

2. Ein Spieler darf immer nur eine Frucht transportieren.

3. Es dürfen sowohl eigene als auch fremde Gegenstände transportiert werden.

4. Gegenstände können sowohl im Warenlager als auch in anderen Supermärkten erworben werden.

5. Alle Gegenstände, die dem Warenlager oder einem anderen Supermarkt entnommen wurden, müssen in den eigenen Supermarkt gebracht werden.

6. Andere Einkäufer dürfen nicht absichtlich behindert werden.

.

7. Es darf sich immer nur ein Spieler im Warenlager befinden.

8. Die Spieler eines Supermarktes stehen 2m vom eigenem Supermarkt entfernt. So dass der Mindestabstand gewahrt werden kann.

Wasserstaffel

Ort: draußen

Material: 2 Schwämme, 2 Eimer

Teilnehmer: ab 5

Ablauf: Die Teilnehmer werden in zwei Gruppen aufgeteilt. Diese stellen sich jeweils in einer Reihe hinter einen Eimer. In den Eimern befindet sich jeweils ein Schwamm. Auf ein Startsignal geht es los. Der erste in der Reihe greift sich den Schwamm und läuft ins Wasser um diesen darin zu tränken. Dann geht es so schnell wie möglich zurück zum Eimer. Dort wird der Schwamm ausgedrückt und der nächste aus der Gruppe ist an der Reihe. So geht es immer weiter, bis der Eimer einer Mannschaft überschwappt. Diese Gruppe hat gewonnen.

Zapfenkacken

Ort: draußen

Material: Zapfen aller Art, müssen nicht nur Fichtenzapfen sein, sollten allerdings groß genug sein. 2 Spieleseile

Teilnehmer: ab 2

Ablauf: Zwei Gruppen stellen sich im gleichen Abstand, ca. 10–15m, von einem Mittelpunkt hinter die hier gezogene/gelegte Li - nie auf (Teamlager). Bei dem Mittelpunkt wurden bei der Spielvorbereitung zwei kleine Kreise (Durchmesser ca. 60cm) mit den Seilen gelegt, diese Kreise bilden die Ziele für die Gruppen (ein Ziel je Gruppe). In den jeweiligen Lagern der Gruppen befinden sich jede Menge Zapfen, welche ins Ziel befördert werden müssen. Allerdings müssen diese vor über- schreiten der Startlinie (den gezogenen Linien bei den La- gern) zwischen die Oberschenkel gequetscht und so ins je- weilige Ziel befördert werden, wo sie dann „ausgekackt" wer- den. Sollten sie aus dem Zielkreis fallen, zählen sie am Ende nicht mit. Auch wenn ein Zapfen unterwegs verloren geht, darf dieser nicht mehr genutzt werden. Es darf immer nur eine Per- son pro Gruppe rennen bzw. sich im Spielfeld befinden - es ist im Prinzip also ein Staffellauf. Gewonnen hat die Gruppe, die nach einer gewissen Zeit die meisten Zapfen in ihrem Kreis hat, oder die Gruppe, die zuerst eine bestimmte Anzahl an Zapfen sicher ins Ziel gebracht hat.

Auswertungsschwerpunkte:

Sollten mehrere Zapfenarten verwendet werden, oder in dem Wald vorkommen, können diese einer Nadelbaumart zugeordnet werden…

Schowni – Ottwa

Ort: draußen / im Wald

Material: -

Teilnehmer: -

Ablauf: Alle TN, bis auf eine Person, der „Sucher", verstecken sich im Wald. Das Ziel der TN ist es, sich möglichst leise und unbemerkt an den „Sucher" zu schleichen (Ein Ziel in 2 Meter Entfernung vom Sucher aus zu erreichen). Der „Sucher" dreht sich nun mit dem Rücken zu den im Wald versteckten TN. Auf seinen Ruf „Schowni" hin dürfen die TN sich bewegen, doch sobald der „Sucher" etwas hört, ruft er „Ottwa" und dreht sich nach drei Sekunden um. In diesen drei Sekunden haben die TN Zeit, sich zu verstecken. Sollte der „Sucher" jedoch etwas sehen, ruft er diesen TN aus und dieser ist dann raus. Sieht er jedoch nichts ruft er wieder „Schowni" und dreht sich herum.

Blätter saugen

Ort: Ort mit viel Laub

Material: 1 Strohhalm pro TN, 1 Eimer/Gefäß pro TN

Teilnehmer: bis 16 TN (danach mehr Gruppen!)

Ablauf: Die TN treten in einem Zweikampf gegeneinander an. Jeder
            TN hat einen Eimer. Welche Gruppe nach 2 Minuten die
            meisten Blätter in ihren Eimern hat, gewinnt. Das Laub darf
            jedoch nur mit den Strohalmen bewegt werden und zwar ohne
            die Blätter aufzuspießen. Also schön saugen.

Auswertungsschwerpunkte:

            Es ist möglich, sich anzuschauen, welche Laubblätter
            gesammelt wurden und im Herbst darauf hinzuweisen, warum
            die Blätter bunt sind…

Sicherheit: TN darauf hinweisen, dass sie darauf achten sollen, dass die
            Blätter nicht sandig sind!

Suchspiel

Ort: -

Material:

Teilnehmer: ab 5

Ablauf: Dieses Spiel kann die Aufmerksamkeit für all das schärfen, was unsere Umwelt zu bieten hat und was wir im Allgemeinen nur begrenzt wahrnehmen. Die TN erhalten den Auftrag, bestimmte Dinge zu suchen. Beispiele, was gesucht werden kann: Etwas Weiches; Ekliges; Hohles; drei verschiedene Blätter; etwas, das ein Tier fressen kann; Rotes / Gelbes

Variationen: Diese Aufgabe kann mit einem „Waldschichtennmodell" verbunden werden. Dafür werden 4 Wäscheleinen oder Spieleseile zwischen zwei Bäume gespannt. Jede dieser Leinen soll eine Schicht innerhalb des Stockwerkbaus des Waldes darstellen. Die Leinen sollen beschriftet werden (Baum-, Strauch-, Kraut- und Bodenschicht). Die gesammelten Gegenstände sollen nun mit Wäscheklammern entsprechend an den Leinen befestigt und, wenn möglich, beschriftet werden. Entscheidend für die Zuordnung der Pflanze oder des Gegenstandes ist die Höhe, in der sie/er vorkommt und nicht, welcher Lebensform sie angehört. So kann z.B. ein Buchenblatt neben der Baumschicht auch in die Kraut- oder Strauchschicht oder sogar in die Bodenschicht gehangen werden.

Auswertungsschwerpunkte:

Was wurde gefunden? Welche Pflanze kommt wo vor?

Suchspiel

Finde etwas Schönes, was du gerne verschenken möchtest.	Finde etwas Raues und etwas Glattes.
Finde etwas Langes und etwas Kurzes.	Finde etwas Schwarzes.
Finde etwas Weißes.	Finde etwas, was nicht hierher gehört.
Finde etwas Dickes und etwas Dünnes.	Finde etwas Leichtes und etwas Schweres.
Finde etwas Nasses und etwas Trockenes.	Finde etwas Spitzes.
Finde etwas Weiches und etwas Hartes.	Finde etwas, zu dem du eine Geschichte erzählen kannst.
Finde etwas Braunes.	Finde etwas Schönes von einem Tier.
Finde etwas von Menschengemachtes.	Finde etwas Gerades und etwas Krummes.
Finde etwas Hohles.	Finde drei verschiedene Blätter.

Zum Schluss noch zwei Herausforderungen

Menschen nach ihrem Lebensmotto fragen

Ort: -

Material: -

Teilnehmer: -

Ablauf: Jeder TN oder jede Kleingruppe bekommt die Aufgabe in einer bestimmten Zeit so viele Lebensmottos wie möglichen von anderen Personen herauszufinden. Diese werden am Ende zusammengetragen. Was sind für Gespräche entstanden? Mit welchem Lebensmotto kann sich jeder einzelne TN am ehesten identifizieren? Gibt es neue Erkenntnisse oder Sichtweisen auf das eigene Leben/ das (Zusammen-) Leben der Gruppe?

Zeitlupenlauf

Ort: Auf einer belebten Straße

Material: -

Teilnehmer: -

Ablauf: Die TN werden in kurzen Zeitabständen nacheinander losge-
              schickt und sollen in Zeitlupe eine Strecke in der Stadt über-
              winden. Dabei sollen sie andere Menschen beobachten, wie
              diese reagieren und auch auf Gegenstände und Feinheiten
              schauen, die so vorher nicht aufgefallen wären. Wie haben die
              anderen Menschen reagiert? Wurden sie angesprochen? Was
              ist aufgefallen?

Notizen